Ferien-
geschichten

Impressum

Herausgeber:
Kinderleicht Wissen Verlag GmbH & Co. KG
Würzburger Str. 5, 93059 Regensburg
Tel.: 0941/56 81 89 54

Konzeption Layout/Satz:
Kinderleicht Wissen Verlag GmbH & Co. KG

Illustration Leitfigur Benny Blu älter:
Gregor Schöner

Umschlagillustration:
Marc Robitzky

Druck:
Himmer AG, Augsburg

ISBN 978-3-86751-330-2

Kinderleicht Wissen Verlag

Inhalt

Simone auf großer Fahrt

Eine Geschichte von Annika Christof
mit Bildern von Christiane Franke

„Magst du lieber Stoffel oder Mimi mitnehmen?"

Mama hält Simones kleinen Stoffhasen und ihr rosa

Kuschelpferdchen in die Höhe.

„Ich weiß nicht", murmelt Simone leise und lässt sich bedrückt auf ihr Bett fallen.

Liebevoll nimmt Mama sie in die Arme. „Du wirst sehen, es werden ganz tolle Ferien bei Papa."

Die beiden packen gerade eine große Tasche für Simone. Eine ganze Woche soll sie alleine bei ihrem Papa in München verbringen. Seit sich ihre Eltern vor einem Jahr getrennt haben, war Papa nur ein paar Mal am Wochenende bei ihnen in Mannheim. Sein neuer Job und die Entfernung machen längere Besuche leider unmöglich. Jetzt an Ostern kann Simone endlich wieder mehr Zeit mit ihm verbringen. Sie freut sich schon so sehr auf Papa. Das ganze Jahr über hat sie ihn einfach viel zu selten gesehen.

Seit Wochen fiebert sie ihrer Reise entgegen. Doch je näher der Abreisetag rückt, desto mulmiger ist ihr zumute. Eine Woche ohne Mama! Und dann auch noch die lange Zugfahrt. Drei Stunden dauert es von Mannheim nach München. Das hat die nette

Frau am Bahnschalter Simone und Mama erklärt.
Sie hat die beiden auch über die Reisebegleitung für
Kinder informiert. Eine Betreuerin und zwei andere
Kinder sind mit dabei. Mama war sofort hellauf be-
geistert davon. So muss Simone nicht ganz alleine
zu Papa fahren.

„Dann kann ja nichts mehr schiefgehen! Und langweilig wird dir bestimmt auch nicht", macht sie ihrer
Tochter Mut.

Aber wirklich beruhigend findet Simone das nicht.
Gestern Nacht hat sie fast kein Auge zugetan. Viele
Gedanken schwirrten ihr durch den Kopf. Da half
auch das gute Zureden von Mama nichts.

Mit Reisetasche und Rucksack bepackt machen
sich Mama und Simone auf zum Bahnhof. Dort
wartet wie vereinbart am Ende des Bahnsteigs eine
kleine, blonde Frau auf sie. Mit einem freundlichen
Lächeln im Gesicht streckt sie Simone ihre Hand
entgegen. „Hallo, ich bin Frau Menzel, deine Reise-

begleiterin. Und du musst Simone sein." Zögerlich

nickt Simone und schaut schüchtern zu Mama auf.

„Mach dir keine Sorgen! Hier bist du in den bes-

ten Händen." Aufmunternd zwinkert Mama ihr zu.

Im selben Moment stürmt ein großer, schlanker Junge mit lustigen Wangengrübchen an ihnen vorbei. Mit einer Flasche Limo in der einen und einem roten Koffer in der anderen Hand kommt er kurz vor Frau Menzel zum Stehen.

„Langsam, langsam, Florian!", lacht die Reisebegleiterin und klopft ihm zur Begrüßung auf die Schulter. „Das ist Florian, unser kleiner Wirbelwind", stellt sie den Jungen vor. „Er fährt jedes zweite Wochenende zu seinen Großeltern nach München." Unsicher wirft Simone ihm einen kurzen Blick zu.

„Du fährst wohl zum ersten Mal allein?", grinst Florian sie an.

Vorsichtig nickt Simone.

„Ich finde Zugfahren supercool", erzählt er ihr begeistert und lässt sich lässig auf seinen Koffer plumpsen.

„Sind Sie Frau Menzel?" Eine zierliche Frau mit hochrotem Kopf und einem blonden Mädchen im

Schlepptau steuert schnurstracks auf die kleine Reisegruppe zu.

„Ja, das bin ich", begrüßt Frau Menzel die beiden.

„Gut, das hier ist meine Britta. Ich muss leider
gleich los. Ich habe einen wichtigen Termin." Hastig
drückt sie ihrer Tochter einen Kuss auf die Wange.

„Sei schön brav, mein Schatz!" Und noch ehe sich das Mädchen versieht, ist seine Mutter schon wieder in der Menge verschwunden.

Ein wenig verlassen steht Britta mit ihrem kleinen, rosa Köfferchen in der Hand da.

„Da hat's aber jemand eilig …" Frau Menzel schüttelt verwundert den Kopf. Behutsam nimmt sie das Mädchen an der Hand. Kurz darauf kündigt eine Stimme aus den Lautsprechern ihren Zug an. „Dann mal los", fordert die Reisebegleiterin die drei auf.

Noch einmal drückt Mama Simone fest an sich und wünscht ihr viel Spaß. Mit einem Kloß im Hals schaut sich Simone zu ihr um, bevor sie gemeinsam mit den anderen in den Zug einsteigt. Jetzt gibt es kein Zurück mehr.

In einem Waggon in der Mitte des Zuges sind vier Plätze für die kleine Reisegruppe reserviert. Ohne lange zu zögern, macht es sich Florian auf einem Sitz am Fenster bequem. Frau Menzel hilft den Kindern, das Gepäck auf der Ablage zu verstauen. Leise verkrümelt sich Britta in eine Ecke. Simone sieht, dass ihr Tränen über die Wangen kullern. Britta tut ihr furchtbar leid.

„Sie hat wahrscheinlich genauso viel Angst vor der Zugfahrt wie ich", denkt Simone mitfühlend. Auch Frau Menzel bemerkt es, setzt sich neben Britta und spricht leise mit ihr.

Nach einer Weile kramt die Reisebegleiterin eine kleine, bunte Schachtel aus ihrer Tasche.

„Wie wär's mit einer Runde ‚Hasenzahn und Mäuseschreck'?"

Noch bevor sie die Frage zu Ende gestellt hat, springt Florian begeistert auf. „Oh ja!", jubelt er lautstark und reißt die Box an sich. Er kennt das Spiel schon von seiner letzten Bahnfahrt.

„Nicht so stürmisch, junger Mann", ermahnt ihn Frau Menzel schmunzelnd. Gemeinsam bauen sie das Spielbrett auf und Frau Menzel erklärt den Kindern geduldig die Regeln.

Allmählich kriecht Britta aus ihrer Ecke hervor und möchte auch mitspielen. Anfangs sind Simone und Britta noch etwas unsicher und werfen sich schüchterne Blicke zu. Aber es dauert nicht lange, bis Frau Menzel und Florian sie mit ihren Witzen zum Lachen bringen.

„Vielleicht wird die Fahrt ja doch nicht so schlimm", denkt Simone, holt hungrig ein Käsebrot aus ihrem Rucksack und beißt genüsslich davon ab. Gut, dass Mama Proviant eingepackt hat.

„Gewonnen!" Stolz klopft sich Florian auf die
Brust. Schon zum dritten Mal hintereinander hat er
seinen Hasen als Erster ins Ziel gebracht.

Simone schüttelt lachend ihren Kopf. „Du hast ge-
schummelt", ruft sie empört und boxt Florian in die
Seite. „Das ist eindeutig eine Vier und keine Fünf."

Ungläubig starrt Florian auf den Würfel. Er zeigt
wirklich nur vier Augen an. „So ein Mist", murmelt
er und rückt mit seiner Spielfigur wieder zurück.

Kichernd schneidet er den beiden Mädchen lustige Grimassen.

Simone und Britta kringeln sich vor Lachen. Florian kann wirklich zum Schreien komisch sein. Und auch Britta ist supernett, findet Simone.

„In Kürze erreichen wir München Hauptbahnhof", ertönt plötzlich eine Durchsage aus den Lautsprechern. Verwundert schaut Simone auf ihre Uhr. Tatsächlich: schon fast fünf! Sie kann gar nicht glauben, dass die Zeit so schnell vergangen ist.

Als der Zug im Bahnhof einfährt, drückt Simone aufgeregt ihre Nase gegen die Scheibe.

Schon von Weitem sieht sie Papa am Gleis stehen. Voller Vorfreude hüpft sie von einem Bein aufs andere.

„Alle aussteigen!" Lachend schiebt Frau Menzel ihre drei Schützlinge aus dem Zug. Am Bahnsteig springt Simone ihrem Papa stürmisch entgegen.

„Hallo, meine Große!" Liebevoll schließt er seine Tochter in die Arme. Auch Britta und Florian werden schon sehnsüchtig erwartet. Schnell verabschiedet sich Simone von ihren neuen Freunden.

„Wir sehen uns dann in einer Woche zur Rückfahrt", ruft Frau Menzel ihr zu und drückt ihr zum Abschied einen roten Lutscher in die Hand.

Auf dem Weg zu Papas Auto erzählt Simone von Florian und den anderen. „Zugfahren ist supercool", erklärt sie begeistert und strahlt über das ganze Gesicht.

Papa schmunzelt. „Meine Simone auf großer Fahrt."

Eine Nacht in der Prärie

Eine Geschichte von Tino Richter
mit Bildern von Naeko Ishida

Endlich ist es so weit: Das Wetter passt, es sind Ferien und die Eltern haben es auch erlaubt. Mirko und sein Freund Lasse dürfen zum ersten Mal die Nacht in einem Tipi verbringen. So nennt man das Zelt der Prärieindianer, wissen die beiden.

Mirkos prächtiges Tipi steht zwar nicht auf dem weiten Grasland der nordamerikanischen Steppe, aber immerhin im Garten von Mirkos Eltern. Die beiden Jungen tragen zur Feier des Tages natürlich ihren selbstgebastelten Federschmuck.

„Haben wir alles, was wir brauchen?", erkundigt sich Lasse.

„Knabberzeug, Limo, Schlafsäcke, Taschenmesser, Taschenlampe …", zählt Mirko auf. „Alles da."

„Indianer und Taschenlampe? Passt nicht ganz zusammen, oder?", bemerkt Lasse augenzwinkernd.

„Nee", lacht Mirko, „Limo hatten sie wahrscheinlich auch nicht. Wir nehmen das nicht so genau."

Da kommt Mirkos Papa um die Ecke. „Brauchen die mutigen Häuptlinge noch eine kleine Stärkung

für die Nacht? Vielleicht ein Bisonsteak auf echter Indianerstulle?"

„Kann nicht schaden", feixt Mirko und schielt hungrig auf den Teller. Dass es sich eigentlich nur um stinknormale Wurstbrötchen handelt, stört die beiden nicht im Geringsten.

„Mirko, du weißt ja, wo der Haustürschlüssel liegt. Für alle Fälle", sagt Papa und grinst.

„Pah, den haben wir nicht nötig. Wir sind doch keine Angsthasen", entgegnet Mirko empört. „Die Taschenlampe kannst du übrigens auch wieder mitnehmen. Echte Indianer brauchen so was nicht. Stimmt's, Lasse?"

Lasse ist sich da nicht so sicher. Was, wenn er mitten in der Nacht zum Pinkeln muss? Wir nehmen es nicht so genau, hat Mirko doch vorhin noch gesagt. Trotzdem nickt er stumm. Er will ja kein Feigling sein.

„Na gut, wenn ihr meint", sagt Papa und verabschiedet sich. „Ich wünsche den tapferen Kriegern eine angenehme Nacht in der weiten Prärie und schöne Träume."

„Komm, wir richten unser Nachtlager her, bevor es dunkel wird", schlägt Mirko vor, nachdem sie Papa noch mal gewunken haben.

Langsam dämmert es. Der Garten liegt ruhig in schimmerndes Abendrot getaucht. Nur die Grillen zirpen unablässig ihr Lied. Lasse und Mirko schauen verträumt den Sonnenuntergang an. Ja, so muss es gewesen sein, damals im Wilden Westen.

Sie kommen ins Schwärmen und denken sich spannende Geschichten aus von umherstreifenden Indianerstämmen, riesigen Büffelherden, ewigen Jagdgründen, tapferen Kriegern mit bunter Bemalung, schönen Indianerfrauen auf gescheckten Ponys und von den wilden Regentänzen der Medizinmänner. Und sie erzählen sich von Hyänen, Wölfen, Schlangen und anderen gefährlichen Tieren, die den Prärieindianern das Leben schwer machten.

„Pst!", zischt Lasse plötzlich. „Was war das?" Die beiden Jungs horchen aufgeregt in die Nacht hinaus. Mittlerweile ist es stockdunkel geworden und selbst die Grillen haben sich anscheinend schlafen gelegt. Kein Mucks ist zu hören.

„Da ist gar nix", stellt Mirko fest.

Langsam wird ihnen die Stille aber unheimlich.
Und alles ist so finster. Hätten sie doch bloß die
Taschenlampe noch bei sich!

Dann. Ein Rascheln. Es kommt näher. Äste kna-
cken leise. Das schmatzende Geräusch, das danach zu hören ist, lässt
Lasse und Mirko er-
schauern. Sie trauen
sich nicht mal zu atmen.
Ihre Augen haben sie
weit aufgerissen, obwohl
sie in der Dunkelheit
nichts erkennen können.
Die seltsamen Geräusche
scheinen ganz in der Nähe
zu sein. Kratzt da etwas
am Tipi? Was schleicht
da so leise herum?

„Es will herein!", entfährt es Lasse mit erstickter Stimme. „Was machen wir bloß? Vielleicht sind es Hyänen. Die warten bestimmt nur darauf, uns zu zerfleischen", malt er sich aus.

Mirko versucht, Lasse zu beruhigen: „Das ist bestimmt nur ein Igel oder 'ne Maus. Ich hab alles zugemacht, da kommt niemand rein. Und Hyänen gibt es bei uns doch überhaupt nicht."

Auf einmal bricht ein richtiger Tumult los: Fauchen und Schreie durchdringen die Nacht.

„Aaaaah!", kreischen Mirko und Lasse entsetzt.

Dann ist es wieder still. Furchtbar still. Nichts regt sich mehr. Offenbar ist das Ding, das um das Indianerzelt getappt ist, durch den Aufschrei der Jungs zu Tode erschrocken und geflüchtet.

Solche Töne haben die Jungs noch nie in ihrem ganzen Leben gehört. Was kann das nur gewesen sein?

„Ist es endlich weg?", flüstert Lasse ängstlich.

„Ich denke schon", meint Mirko und lauscht ange-
spannt nach draußen.

Lasse zittert am ganzen Körper. „Ich halt das hier
nicht mehr aus. Ich will nach Hause in mein Bett",
jammert er.

„Ich mach hier wahrscheinlich auch kein Auge
mehr zu", pflichtet Mirko ihm bei. „Komm, wir
schleichen uns ins Haus und pennen einfach in
meinem Zimmer."

„Aber du hast doch keinen Schlüssel", fällt Lasse
ein.

„Keine Panik, Lasse. Ich weiß doch, wo der Er-
satzschlüssel versteckt ist."

Mirko öffnet langsam den Eingang des Tipis. „Los,
schnell", raunt er Lasse zu. Die beiden krabbeln
rasch aus dem Zelt und huschen durch den Garten
auf die Haustüre zu. Der Mond erhellt die Nacht nur
schwach. Dennoch erkennen sie im fahlen Licht
genug, um nicht zu stolpern und hinzufallen. Am

Hauseingang tastet Mirko nach dem versteckten
Schlüssel.

Lasse überlegt, ob er sich noch mal umsehen soll.
Vielleicht entdeckt er ja das Wesen, das so seltsame
Laute von sich gegeben hat. Bei dem Gedanken
läuft es ihm aber eiskalt den Rücken hinunter und
so lässt er es lieber bleiben.

„Ich hab ihn", flüstert Mirko
und reißt Lasse aus seinen
Gedanken.

„Gleich ist die Tür offen.
Sei aber leise, meine
Eltern schlafen schon."

Langsam stehlen
sie sich ins Wohn-
zimmer und von dort
über die Treppe in
Mirkos Zimmer.

„Geschafft", stöhnt Lasse und lässt sich auf die
Schlafcouch fallen. „Was für eine Nacht!"

„Ja, wirklich unheimlich", stimmt Mirko ihm zu.
„Aber trotzdem stehen wir morgen ganz früh auf
und legen uns wieder ins Zelt. Dann merkt niemand,
dass wir in der Nacht Schiss bekommen haben. Für
uns als Indianer wär das ja megapeinlich."

Und tatsächlich: Kaum ist die Sonne aufgegangen, huschen die beiden Jungs wieder durch den Garten. Diesmal in Richtung Tipi. Es ist angenehm hell und die Vögel zwitschern fröhlich von den Dächern. Und keine Spur von Hyänen oder ähnlichen Ungeheuern. Wie konnten sie in der Nacht nur solche Angst haben?

Bald darauf steckt Mirkos Papa seinen Kopf ins Tipi. „Na, Jungs, wie war die erste Indianernacht? Aufregend?", will er wissen.

„Nö", gibt Mirko cool zurück. „Nix Besonderes."

„Habt ihr euch gar nicht gefürchtet?", wundert sich Papa. „Bei dem Lärm, den die Katzen heute Nacht veranstaltet haben, konnte ich gar nicht richtig schlafen."

„Katzen?", fragt Lasse erstaunt und schaut Mirko entgeistert an.

„Also, wir haben keine Katzen gehört", schwindelt Mirko und wird ein bisschen rot im Gesicht.

„Wir haben tief und fest geschlafen wie alte Prärie-Häuptlinge."

„Ihr seid ja richtig tapfere Krieger", lobt Papa die Jungs. „Ich hätte mir als Kind bestimmt vor Angst in die Hosen gemacht."

Mirko zwinkert Lasse verschwörerisch zu.

„Ach, übrigens", fügt Papa noch hinzu und hält den Jungs zwei Federn entgegen, „die hab ich gerade im Kinderzimmer gefunden."

Mirko schaut ungläubig auf Papas Hand. Lasse hält die Luft an.

„Furchtlose Indianer schlafwandeln oft, wusstest du das nicht?", meint Mirko dann und muss über beide Ohren grinsen.

Miri hebt ab

Eine Geschichte von Torben Dietrich
mit Bildern von Dieter Tonn

„Oh yeah, endlich wieder Ski fahren", ruft Bruno, als er die ersten hohen Berge sieht.

Sehnsüchtig blickt Miri zum Himmel. Über einer Bergspitze taucht ein Flugzeug auf und zieht einen weißen Schweif hinter sich her.

„Alle anderen fliegen in den Urlaub. Warum müssen wir immer mit dem Auto wegfahren? Das ist echt langweilig", nörgelt Miri herum.

Auf ihre Frage bekommt Miri keine Antwort. Darüber haben sie schon oft genug gestritten. Papa sagt dann immer: „Warum weit wegfliegen, wenn es in der Nähe doch auch schön ist." Und damit ist das ganze Gespräch dann meistens beendet.

Gleich am Nachmittag geht's ab auf die Piste. Während Bruno wie ein Profi mit eleganten Schwüngen den Berg hinunterwedelt, ist Miri noch lange nicht so geübt wie er.

„Komm schon, du lahme Ente", ruft Bruno, um seiner Schwester Dampf zu machen.

„Wäre ich doch bloß mit Mama und Papa in dieses blöde Bergsportmuseum gegangen. Dann müsste ich mich wenigstens jetzt nicht hier herum-quälen", murmelt Miri leise. Dann nimmt sie ihre Skistöcke in die Hände und fährt vorsichtig los.

Ständig muss Bruno auf sie warten. Das hat er sich eigentlich ganz anders vorgestellt. Aber Papa hat ausdrücklich zu ihm gesagt, er soll seine Schwester nicht aus den Augen lassen. Gelangweilt setzt er sich in den Schnee und wartet, bis Miri an ihm vorbeigefahren ist.

„Jetzt zeige ich ihr mal, wie man richtig Ski läuft. Da wird sie staunen", denkt Bruno und zischt los. Er rast die Piste hinunter. Kurz vor Miri will er zur Seite abdrehen, um sie mit Schnee einzustäuben.

„Hey, pass doch auf!", ruft ein Mann, dem Bruno aus Versehen den Weg abgeschnitten hat.

Jetzt ist er nur noch wenige Meter von Miri entfernt. Bruno schwenkt zur Seite. Doch auf der total vereisten Piste rutschen seine Skier plötzlich weg. „Uahhh!", schreit er und schlittert auf dem Hosenboden mit den Füßen voran auf Miri zu.

„Bruuun…", kreischt Miri erschrocken und versucht, ihrem Bruder auszuweichen. Aber da prallt er schon mit voller Wucht gegen sie.

„Ah, aua!", stöhnt Miri auf. Mit beiden Händen hält sie sich ihr Bein.

Bruno rappelt sich auf und schnallt seinen linken Ski ab. Den rechten hat er bereits bei der Rutschpartie verloren.

„Miri, ist alles klar bei dir? Es tut mir so leid", stammelt Bruno völlig aufgelöst.

„Mein Bein!", schluchzt Miri, während ihr dicke Tränen die Wangen herunterkullern.

Bruno legt seinen Arm um ihre Schultern und möchte ihr aufhelfen.

„Aua, hör auf!", jammert Miri mit schmerzver-
zerrtem Gesicht.

„Gut. Wir lassen das Bein besser in Ruhe", sagt
Bruno mit zittriger Stimme. Er schlüpft aus seiner
Jacke und deckt seine Schwester damit zu. Dann
nimmt er ihr vorsichtig die Skier ab.

„Ich sichere jetzt die Piste oberhalb von uns. Sonst rast noch so ein Verrückter wie ich in uns hinein", will er Miri aufmuntern.

In der Zwischenzeit nähert sich der Mann, den Bruno kurz zuvor ebenfalls fast umgefahren hätte. Er bleibt stehen und kniet sich neben Miri. „Kannst du auftreten?", fragt er besorgt.

Miri schüttelt den Kopf. „Nein, mein Bein tut höllisch weh", antwortet sie.

„Okay, ich werde die Bergwacht informieren", beschließt der Mann sofort und holt ein Handy aus seiner Brusttasche.

Bruno hat währenddessen seine beiden Skier in ausreichender Entfernung über Kreuz in den Schnee gesteckt, um so die anderen Skifahrer zu warnen.

„Die Bergwacht kommt gleich und bringt dich mit einem Hubschrauber ins Krankenhaus", berichtet der Helfer nach seinem Telefonat.

„Mit dem Hubschrauber?", fragt Miri und ihre Augen beginnen zu leuchten.

„Ja, das geht am schnellsten. Wir wissen ja nicht, wie schlimm dein Bein verletzt ist", erklärt der Mann. „Ich heiße übrigens Klaus", stellt er sich vor.

Nachdem Bruno seinen Eltern mit dem Handy Bescheid gegeben hat, was passiert ist, lässt er sich reumütig neben Miri in den Schnee plumpsen.

„Schau mal, der Hubschrauber!", ruft Miri plötzlich aufgeregt. Über dem Berghang erscheint ein großer, roter Helikopter.

Als der Hubschrauber über ihnen schwebt, hebt Bruno seine Arme hoch, sodass er von Weitem aussieht wie ein großes Y. Das steht für das englische Wort „yes" und bedeutet: Ja, wir brauchen Hilfe. Das hat er im Skikurs gelernt.

Ganz in der Nähe setzt der Helikopter zur Landung an und wirbelt eine Menge Schnee auf. Zwei Männer mit einem Arztkoffer steigen aus dem Hubschrauber und laufen mit einer Trage zu Miri. Der Lärm der Propeller ist so laut, dass sich Bruno

und Miri die Ohren zuhalten müssen. Miri ist völlig sprachlos und total fasziniert von dem ganzen Geschehen um sie herum.

Die Sanitäter verarzten das Bein notdürftig und heben Miri vorsichtig auf die Trage. Anschließend schieben sie das Mädchen in den Hubschrauber. Bruno darf natürlich mitfliegen.

„Hey, Klaus, vielen lieben Dank für deine Hilfe!", ruft Miri noch schnell. Sie sieht, wie Klaus lächelt und freundlich winkt. Dann werden auch schon die Türen geschlossen.

Der Helikopter hebt ab. Miri liegt direkt am Fenster und hat einen super Blick auf die ganze Berglandschaft. Die Menschen auf der Piste werden immer kleiner und kleiner und sind bald nur noch als schwarze Punkte zu erkennen. Miri ist so überwältigt, dass sie ihr verletztes Bein fast vergisst.

Im Krankenhaus warten ihre besorgten Eltern. Nachdem Miri untersucht wurde, dürfen sie zu ihr.

„Das war total super!", legt Miri sofort los.

Die Eltern blicken sich verdutzt an.

„Ein kurzer, aber toller Flug", schwärmt Miri weiter.

„Ob es dir gut geht, brauchen wir wohl nicht zu fragen", stellt ihre Mutter erleichtert fest.

Betreten schleicht sich Bruno ans Bett seiner Schwester. „Miri, es tut mir leid. Das war echt doof von mir", entschuldigt er sich.

„Ist schon gut. Mein Bein ist zwar leider gebrochen, aber beim Flug habe ich das schon fast nicht mehr gespürt. Außerdem warst du ein toller Retter. So wie du die Piste abgesichert hast und alles … Das war ziemlich profimäßig", beruhigt ihn Miri.

„Ich hab dir noch was mitgebracht, als kleine Wiedergutmachung", murmelt Bruno. Er drückt ihr einen kleinen, ferngesteuerten Hubschrauber in die Hand, den er im Krankenhauskiosk entdeckt hat.

„Cool, der sieht ja aus wie der Rettungshubschrauber", ruft Miri begeistert. „Damit vergeht die Zeit hier bestimmt wie im Flug."

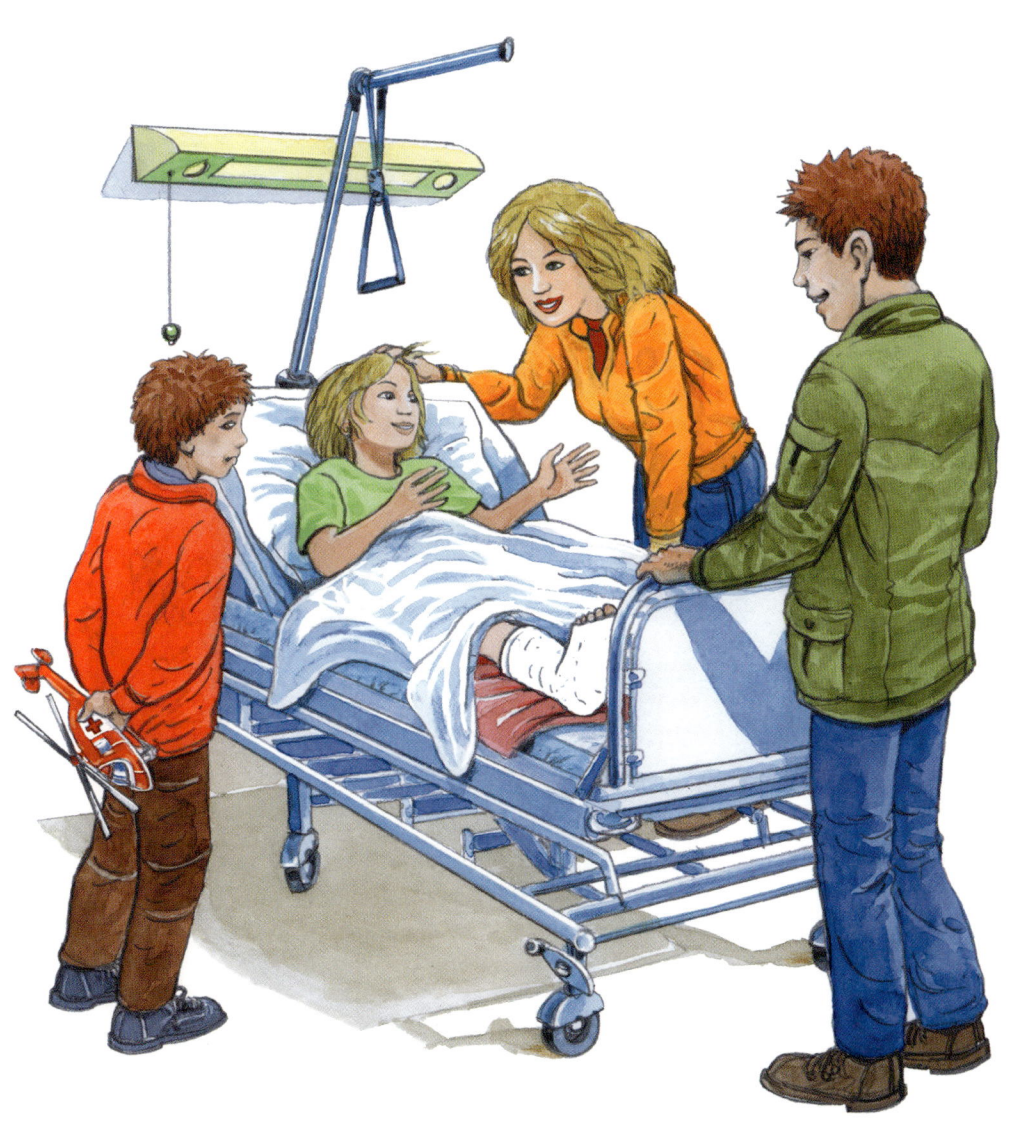

Alles umsonst?

*Eine Geschichte von Nicola und Thomas Herbst
mit Bildern von Ursula Roth*

„Wollt ihr euch nicht mal ein bisschen abkühlen?",
fragt Tims Mutter. „Das Wasser ist herrlich."

„Mama, du weißt doch, dass unsere Burg bald
fertig sein muss", sagt Tim und schwingt wie wild
seine Schaufel.

Die Sonne sticht vom Himmel und viele Kinder laufen mit großen Eistüten vorbei. Doch Tim und sein bester Freund Tobias haben nur ihre Sandburg im Kopf.

„Wir wollen unbedingt ins Meerwasseraquarium und zusehen, wenn die Haie gefüttert werden. Das dürfen nämlich die Sieger. Und deshalb müssen wir natürlich Erster werden", erklärt Tobias.

Die beiden Jungs nehmen an einem Sandburgenwettbewerb teil, den ihr Hotel am Strand veranstaltet. Sie freuen sich schon den ganzen Urlaub riesig darauf.

Seit dem frühen Morgen bauen Tobias und Tim mit Feuereifer an ihrem Kunstwerk. Sie schleppen eimerweise Sand herbei. Dann errichten sie die Grundmauern der Sandfestung. Die müssen besonders dick und stabil sein, sonst bricht alles zusammen. Tobias und Tim klopfen mit ihren Schaufeln den nassen Sand schön fest.

Die Burg wächst und wächst. Türme ragen majestätisch empor. Wie mit dem Lineal gezogen wirken die festen Mauern, die das Sandgebäude umrahmen. Die Zinnen sind mit kleinen Steinen befestigt und bunte Muscheln zieren die Außenwände. Das lässt die Burg noch prächtiger aussehen.

„Jetzt bekommen die Bauherren erst mal eine kleine Stärkung, sonst brechen sie noch zusammen", verkündet Tims Papa und bringt den beiden Jungs belegte Brötchen und kühlen Orangensaft.

Wortlos verschlingen die beiden ein paar Häppchen und trinken hastig ein bisschen vom Saft. Dann legen Tim und Tobias sofort wieder los. Schließlich haben sie noch so viel zu tun.

Eine Stunde später jubeln sie: „Wir sind fertig!" Freudestrahlend betrachten sie mit ihren Eltern das Bauwerk.

„Wow, so viele Türme und Erker, das habt ihr echt super hingekriegt", lobt Tims Vater die beiden.

Die Burgenbauer grinsen sich stolz an. Dann gibt
Tobias das Kommando: „Eins, zwei, drei und ab ins
Meer zur Wasserschlacht!"

Tim und Tobias tollen ausgelassen im Wasser
umher. Das haben sie sich wirklich verdient. Sie

planschen, dass
es nur so spritzt.

„Schau mal,
Tobias, von hier
sieht unsere Burg
noch viel besser
aus", freut sich Tim
und bewundert
erneut ihr
Meisterwerk.
„Also, wenn
wir da nicht
gewinnen,
fress ich
'nen Besen."

Tobias lächelt Tim fröhlich zu und taucht ihn zum Spaß kurz unter Wasser. Als Tim tropfnass wieder auftaucht, schlägt Tobias vor: „Komm, wir spielen noch eine Runde Frisbee, dann machen wir es uns im Strandkorb gemütlich."

Lachend werfen sich die beiden Jungs die Wurf-scheibe zu. Doch da passiert es: Das Frisbee flattert in hohem Bogen an Tim vorbei. Er will der Scheibe noch nachlaufen, stolpert aber über eine Schaufel. Er versucht sich abzufangen und stürzt mit Karacho mitten in die Sandburg.

„Oh nein!", schreit Tobias und schlägt erschrocken die Hände vorm Gesicht zusammen. „Unsere schöne Burg."

Auch Tim sieht sich entsetzt um. Er ist den Tränen nahe. Von den großartigen Türmen ist kaum mehr etwas zu erkennen und die Muscheln liegen wild verstreut im Sand. Die ganze Arbeit war umsonst.

„So was Blödes! Weil du das Frisbee auch immer so doof wirfst", fährt Tim seinen Freund an.

„Ach so, jetzt bin ich also schuld", schnaubt Tobias und versetzt der Sandburgruine vor lauter Wut einen kräftigen Tritt.

Missmutig lassen sich die beiden nebeneinander in den Sand fallen.

Nach einer Weile murmelt Tim: „Was machen wir denn jetzt? Sollen wir noch den ganzen Tag dumm rumsitzen und Trübsal blasen?"

„Nein, du hast recht, das hilft uns auch nicht weiter", stimmt Tobias zu.

„Na dann komm, wir müssen jetzt einfach zusammenhalten", fasst sich Tim wieder und steht auf. „So leicht geben wir nicht auf! Vielleicht ist noch was zu retten."

Mit neuem Mut machen sich die beiden wieder an die Arbeit. Aber die Burg will einfach nicht mehr so gut gelingen wie vorher.

„Los, wir schütten erst mal den ganzen Sand auf einen Haufen. Dann machen wir ihn nass, damit er besser klebt", bestimmt Tim.

„Das schaffen wir sowieso nicht mehr. Wir haben viel zu wenig Zeit", meint Tobias enttäuscht.

Doch Tim schaufelt voller Tatendrang weiter.

„Der Berg sieht eher aus wie eine riesige Schildkröte", bemerkt Tobias niedergeschlagen.

Tim sieht Tobias erst ärgerlich an. Dann ruft er plötzlich: „Das ist die Idee. Wir bauen einfach eine Wasserschildkröte."

„Ja, genau! Eine Schildkrötenburg", ruft Tobias begeistert und lacht.

Eifrig machen sich die Jungs wieder ans Werk. Schon nach kurzer Zeit kann man die Umrisse des Tieres deutlich erkennen. Und bald lugen Augen hervor und schuppige Beine ragen aus dem fein gemusterten Panzer.

„Nur noch eine Stunde bis zur Preisverleihung", stöhnt Tobias. „Ob wir das noch schaffen?"

„Klar", meint Tim, „wenn wir uns richtig reinhängen, dann wird unsere Schildkröte bestimmt fertig!"

Und wirklich: Als die Eltern am Nachmittag die Badesachen einsammeln, liegt eine wunderschöne Schildkröte am Strand. Die Jungs sind mächtig stolz auf das neue Sandtier.

„Schlag ein, Tobi! Wir sind eben doch die besten Sandskulpturenbauer der Welt", ruft Tim und klatscht sich mit Tobias ab.

Auch die Eltern loben die beiden. „Da habt ihr euch ja echt noch mal ins Zeug gelegt."

Kurz darauf machen sich die Preisrichter an die Arbeit. Sie begutachten die Burgen ganz genau. Als sie bei der Schildkröte von Tobias und Tim stehen bleiben, schauen sie zuerst verdutzt. Dann besprechen sie sich lange miteinander.

„Vielleicht hätten wir doch lieber eine neue Burg bauen sollen", murmelt Tobias nervös.

Tim nickt ihm mit sorgenvoller Miene zu.

„Wartet doch erst mal ab", muntert Tobias' Mutter die beiden auf. „Und auch wenn ihr keinen Preis

bekommt: Dabei sein ist doch schließlich alles. Lasst die Köpfe nicht hängen, Jungs!"

Am Abend versammeln sich alle Kinder, die am Sandburgenwettbewerb teilgenommen haben. Die Gesichter von Tim und Tobias werden immer länger, während der Hoteldirektor die Preise vergibt. Als das Siegerteam schließlich den Gutschein für das

Meeresaquarium erhält, blicken sie enttäuscht zu Boden. Die viele Mühe war wirklich umsonst.

„Schaut doch nicht so grimmig drein! Für uns seid ihr die besten Sandburgenbauer der Welt", tröstet Tobias' Vater die Jungs.

Aber die beiden wollen jetzt nur ihre Ruhe haben. Sie gehen schon in Richtung Hotel, als sie plötzlich ihre Namen hören.

„Was hat der Direktor eben gesagt?", fragt Tim überrascht.

„Hast du nicht gehört? Wir bekommen einen Sonderpreis!", ruft Tobias atemlos.

Ungläubig starrt Tim seinen Freund an. Doch da versteht auch er die Worte des Hoteldirektors: „Bei diesem Kunstwerk handelt es sich zwar nicht um eine Burg, aber die Schildkröte ist so toll geworden, dass sich die Erbauer einen Sonderpreis für ihre Arbeit verdient haben. Ich bitte Tim und Tobias zu mir nach vorne."

Das lassen sich die Jungs nicht zweimal sagen.
Freudestrahlend halten sie wenig später ein rotes
Schlauchboot in den Händen.

„Gut, dass wir nicht aufgegeben haben", freut
sich Tobias.

„Ja, zusammenhalten lohnt sich eben", stimmt
Tim ihm zu.

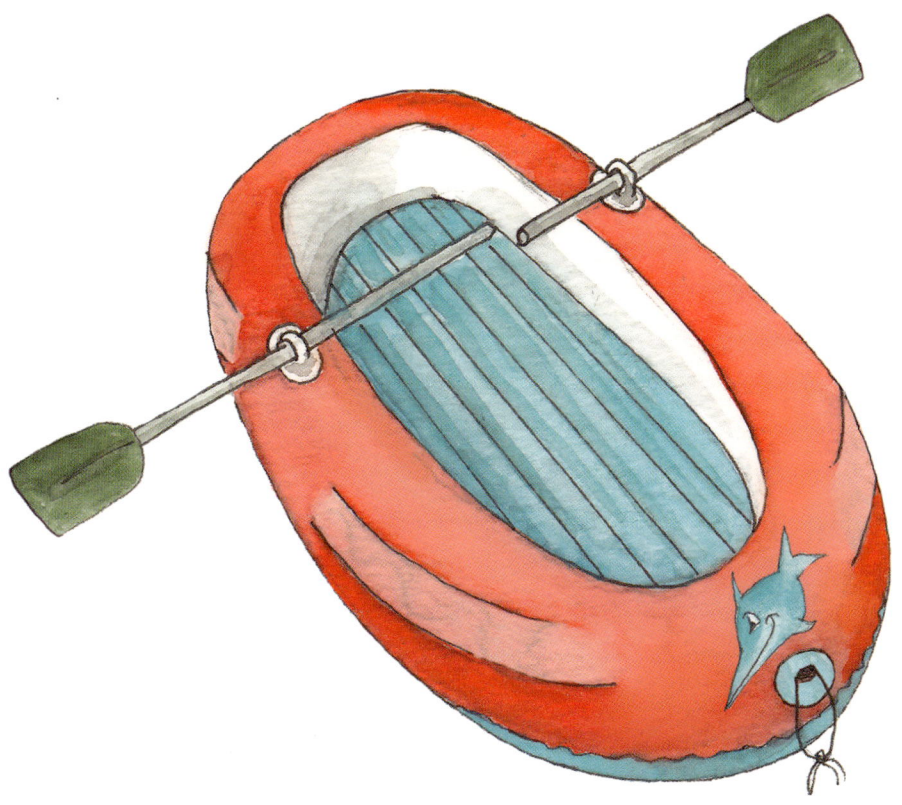

Mamma mia!

Eine Geschichte von Lydia Zinsmeister
mit Bildern von Naeko Ishida

„Wann sind wir denn endlich da?", fragt Theresa
aufgeregt ihre große Schwester Eva.

„Mir doch egal.
Ich hab sowieso
keine Lust auf
den Urlaub",
murmelt Eva
gelangweilt und
schaut aus dem
Autofenster.

Mama wirft ihr
einen strafenden
Blick zu und er-
klärt Theresa:
„Es dauert nicht
mehr lange. Wir

sind schon in Italien, der Gardasee ist gar nicht mehr weit."

„Ich verstehe nicht, warum wir immer nur an den doofen Gardasee fahren. Da machen wir doch jedes Jahr Urlaub. Meine Freundinnen fliegen nach Ägypten oder Spanien", meckert Eva.

„Ach, Eva", sagt Papa liebevoll, „uns hat es dort immer gut gefallen. Außerdem sind wir mit den Leuten vom Campingplatz schon lange befreundet."

Nach einer Weile ruft Theresa begeistert: „Wir sind da! Wir sind da! Schaut mal, da vorne ist unser Campingplatz."

Eva hat immer noch miese Laune. Am Campingplatz angekommen, feuert sie ihre Sachen in die Ecke des Wohnwagens. Missmutig setzt sie sich auf das Bett und lässt den Kopf hängen.

„Eva, kannst du bitte Fleisch und Kartoffeln im Supermarkt besorgen?", fragt Mama. „Du weißt doch noch, wo der Supermarkt ist, oder?"

„Jaja, bin schon unterwegs", murrt Eva lustlos, schnappt sich eine Einkaufstüte und macht sich auf den Weg. „Hier ist es total langweilig, alles sieht so aus wie im letzten Jahr. Und in den Jahren davor. Was soll man hier schon Tolles erleben?", grummelt sie vor sich hin. Auf einmal hört sie hinter sich die hohe Stimme ihrer kleinen Schwester.

„Eva, warte! Mama hat mir erlaubt, dass ich mit dir komme", ruft Theresa fröhlich.

„Das hat mir gerade noch gefehlt", stöhnt Eva. „Jetzt hab ich wahrscheinlich den ganzen Urlaub diese Nervensäge an der Backe und darf den Babysitter spielen!"

Theresa hopst pfeifend neben Eva her. Eva verdreht die Augen. „Echt ein klasse Urlaub!"

„Da ist ja schon der Supermarkt", quietscht Theresa und schlägt aufgeregt vor: „Machen wir einen Wettlauf? Wer als Erste da ist, hat gewonnen." Ohne eine Antwort abzuwarten, stürmt Theresa los.

Eva geht in normalem Tempo weiter. Sie hat keine
Lust auf einen Wettlauf. Erst recht nicht gegen ihre
kleine Schwester.

Theresa rennt, so schnell
sie kann. „Jetzt holst du
mich nicht mehr ein",
schreit sie und flitzt
die Stufen zum Super-
markt hoch. Sie blickt
noch einmal zurück,
um zu sehen, wie
weit ihre große
Schwester ist.

Da sieht
Eva plötzlich,
wie ein schwarz-
haariger Junge
aus dem Super-
markt kommt.
Sie will Theresa

warnen, doch es ist schon zu spät. Die beiden sto-
ßen mit voller Wucht zusammen.

Eva läuft schnell zu ihrer Schwester. Ganz außer
Puste steht Theresa da und blickt Eva mit weit auf-
gerissenen Augen an. Auf dem Boden ist eine riesige
Milchpfütze. In der Pfütze liegt eine Einkaufstüte.

„Mamma mia! Mamma mia!", hört Eva eine Stimme neben sich. Der Junge bückt sich, um die Sachen aufzuheben.

Eva will helfen und sammelt einen Apfel ein, der etwas weiter weggekullert ist. Entschuldigend hält sie ihn dem Jungen hin: „Es tut mir wirklich ..."

Doch als sie in seine strahlend blauen Augen sieht, hat sie vergessen, was sie sagen wollte. Sie steht einfach nur da und ihr Herz pocht ganz schnell. Eva wird es heiß und kalt auf einmal. Ihr Bauch fühlt sich an, als würden tausend Schmetterlinge darin herumfliegen.

„Oh Gott, ich muss irgendetwas sagen. Aber was?", schießt es ihr durch den Kopf. Dann wird sie knallrot und stammelt: „Das ist ... Sie hat das nicht mit Absicht ..."

Der Junge lacht freundlich und sammelt weiter seine Sachen auf. Dabei sagt er immerzu etwas auf Italienisch. Aber Eva versteht gar nichts außer „Mamma mia".

Nachdem der Junge seine Sachen eingepackt hat, schwingt er sich auf sein Fahrrad und fährt davon. Eva schaut ihm verträumt hinterher. Seine schwarzen Haare flattern im Wind. Kurz bevor er hinter der Kurve verschwindet, dreht er sich noch einmal um und winkt den beiden Mädchen zu. Wie ferngesteuert hebt Eva ihre Hand, um zurückzuwinken.

Plötzlich fängt Theresa reumütig an zu schluchzen: „Sei mir nicht böse! Das war doch ein Versehen. Und sag es bitte nicht Mama."

„Ach, das ist doch halb so schlimm", tröstet Eva sie gut gelaunt und tätschelt Theresa den Kopf. „Komm, lass uns einkaufen gehen."

Theresa ist verwirrt. Eigentlich hat sie erwartet, dass ihre Schwester mit ihr schimpft.

Zerstreut läuft Eva mit Theresa durch den Supermarkt und kauft ein. Evas Bauch kribbelt immer noch, wenn sie an den Jungen denkt. Er hat so süß ausgesehen. Und er ist viel hübscher als alle Jun-

gen in Evas Schule. Er sieht ungefähr so aus wie
Bernd aus der 4c mit der Frisur von Klaus aus der
4a und den Augen von Tom, ihrem Freund von ne-
benan. Einfach toll!

Den ganzen Weg über zurück zum Wohnwagen
hüpft Eva fröhlich. Sie weiß selbst nicht, woher ihre
gute Laune kommt, aber die Sonne scheint ihr ins

Gesicht und sie hört die Wellen rauschen. Auf einmal hat sie richtig Lust auf den Urlaub.

Am Wohnwagen wundern sich auch Evas Eltern
über den plötzlichen Stimmungswandel ihrer Ältesten.

Beim Essen fragt Eva interessiert: „Was heißt eigentlich ‚Mamma mia'?"

„‚Mamma mia'
kann man für
vieles sagen. Zum
Beispiel wenn
man überrascht
ist oder wenn man
sich über etwas
freut. Aber auch
wenn man er-
schrickt. Es heißt
auf Deutsch unge-
fähr ‚Ach du lieber
Himmel'", erklärt
ihr Mama.

„Aha. Gut zu wissen", murmelt Eva und grinst vor sich hin.

„Warum fragst du denn?", möchte Papa wissen.

„Ach, einfach so", sagt Eva lächelnd und steckt sich genüsslich eine Kartoffel in den Mund.

„Na, habt ihr Lust, ein bisschen in den Kinderclub zu gehen?", schlägt Papa den beiden Mädchen nach dem Essen vor.

„Juhuuu, das wäre super!", freut sich Theresa und will schon losstürmen.

Eva ist nicht so begeistert. Sie wollte sich eigentlich noch heute auf die Suche nach dem Jungen machen. Sein Fahrrad würde sie sofort erkennen. Wo er wohl hingefahren ist? „Ich habe ehrlich gesagt keine Lust dazu", sagt Eva.

„Och, bitte, bitte, bitte! Komm schon!", bettelt Theresa und greift nach ihrer Hand.

Mama unterstützt sie: „Aber Eva, da triffst du doch die Kinder vom Campingplatz und findest gleich ein paar Freunde. Alle in eurem Alter gehen da hin."

„Ein cooler Typ wie der italienische Junge geht bestimmt nicht in den Kinderclub", denkt Eva.

Schließlich lässt sie sich doch überreden: „Na gut, dann komme ich eben mit."

Im Kinderclub hält Eva sofort Ausschau, wer alles da ist. Viele kennt sie noch vom letzten Jahr. Aber der Junge ist natürlich nicht dabei. Eva ist enttäuscht. Sie hätte doch nicht mit ihrer Schwester hierherkommen sollen.

„Wer macht mit bei unserem Ballspiel?", fragt die Betreuerin in verschiedenen Sprachen in die Runde. „Wer den Ball fängt, nennt seinen Namen und das Land, aus dem er kommt."

Eva hat keine Lust darauf. Sie hätte den Mamma-Mia-Jungen gerne noch einmal gesehen. Vielleicht kann sie sich ja morgen auf die Suche nach ihm machen.

Das Spiel beginnt. Die Kinder werfen sich den Ball zu. Ein Mädchen will zu Eva schmeißen. Doch die ist gerade so tief in Gedanken versunken, dass sie

ihn gar nicht auf sich zufliegen sieht. Er trifft sie un-
gebremst an der Stirn.

„Mamma mia!", ruft Eva erschrocken und reibt
sich den Kopf. Die anderen Kinder lachen. Plötzlich
stupst sie jemand von hinten an und hält ihr den
Ball hin. Es ist der italienische Junge!

„Mamma mia", grinst er und Evas Herz hüpft vor
Freude. Er stellt sich in den Kreis und spielt mit.

„Jetzt wird der Urlaub sicher super. Ich liebe Italien", denkt Eva und wirft dem Jungen den Ball zu.

Die besten Ferien aller Zeiten

Eine Geschichte von Lucie Yertek
mit Bildern von Ursula Roth

„Hallo Franzi. Hast du Lust, heute was zu unternehmen?", fragte ich am Telefon.

Sie war meine letzte

Hoffnung. Ich

hatte schon

alle meine

Freunde ange-

rufen. Aber keiner

war zu Hause.

Alle verbrachten

die Ferien in sonnigen

Urlaubsländern.

„Ich kann nicht. Wir

fahren heute nach Italien.

Da sonne ich meinen Bauch schokoladenbraun

und schlage ihn mir mit tonnenweise Eis voll",
schwärmte mir Franzi vor.

„Hol dir keinen Sonnenbrand. Tschau!", sagte ich
und legte mürrisch den Hörer auf.

Bei uns war es diesen Sommer nichts mit Urlaub
geworden. Papa musste arbeiten.

Und Mama fand das auch noch gut. „Jetzt habe
ich endlich mal Zeit, die Blumen umzupflanzen und
das Kellerregal aufzubauen", sagte sie gut gelaunt.
Das waren die blödesten Ferien aller Zeiten.

Mein kleiner Bruder Toni und ich schlenderten gelangweilt in den Garten.

„Ich will auch Bauchurlaub machen!", beschwerte
ich mich bei Mama.

„Was ist denn Bauchurlaub?", fragte sie verwundert.

„Man sonnt seinen Bauch und füllt ihn mit Eis. Alle
aus meiner Klasse machen das", erklärte ich.

Mama musste lachen, sagte aber weiter nichts,
sondern strich mir nur über die Haare.

„Können wir dir vielleicht bei der Gartenarbeit helfen?", boten Toni und ich an. Wir wollten freiwillig in den Ferien arbeiten! So verzweifelt waren wir also schon.

Mama schien das zu verstehen. Sie überlegte kurz und sagte dann: „Das ist doch gar keine Gartenarbeit. Mit diesem Messer kämpfe ich mich durch das Dschungeldickicht aus Bambus und Lianen." Sie schwang ihre grüne Gartenschaufel.

Ich sah Toni verwirrt an.

Als ich eine Biene verscheuchen wollte, die um seinen Kopf schwirrte, schrie er plötzlich: „Nicht! Das ist ein Dschungel-Flugsaurier. Sein Gift ist tödlich. Nimm bloß deine Finger weg!" Er spielte also Mamas Spiel mit.

Da entdeckte ich unsere schwarze Nachbarskatze Minka und beschloss, es auch mal zu versuchen. „Achtung Toni, ein Panther pirscht sich an dich heran", warnte ich ihn.

Toni drehte sich erschrocken um. Hinter uns kam Minka immer näher und vor uns stand ein Eimer, randvoll mit schmutzigem Wasser. Auf einmal griff Toni nach unserer Baumschaukel und drückte sie mir in die Hand. „Du musst dich an dieser Liane über das Moor schwingen. Aber halt dich gut fest, sonst fressen dich die Krokodile!"

Ich nahm all meinen Mut zusammen. „Wenn ich nicht springe, frisst mich der Panther", schoss es

mir durch den Kopf. Zum Glück landete ich ohne Probleme und schwang die Schaukel rasch zu Toni zurück. Um Haaresbreite hätte ihn der Panther erwischt. Aber er konnte sich gerade noch in letzter Sekunde retten.

Am nächsten Tag gingen wir im Meer baden. Wir holten es aus dem Keller und pumpten es mit Luft auf. Dann füllten wir das Meer mit Wasser aus der Regentonne.

„So ein Badetag im weiten Ozean ist doch etwas Herrliches", kicherte ich.

Nach einer Weile kam Mama an den Strand. Nein, es war gar nicht Mama, es war ein braungebrannter Bademeister. „Achtung, Achtung", schrie er durch ein Megafon, „alle Badegäste müssen sofort das Wasser verlassen. Es wurden gefährliche Haie gesichtet."

Toni und ich erblickten auch schon die ersten grauen Flossen im Wasser. Panisch schwammen wir in Richtung Ufer. Wir paddelten, so schnell wir konnten, doch die Haie kamen immer näher.

Da erschien plötzlich Papa am Planschbecken.

„Toni, schau mal, ein Kapitän auf einem großen Schiff. Wir sind gerettet!", rief ich und zeigte auf Papa.

„Hilfe, Hilfe!", schrien wir und winkten mit den Armen.

Der Kapitän warf uns Rettungsringe zu und holte uns schnell an Bord. Er war sehr nett. Wir bekamen sogar kuschelige Bademäntel.

„Ich fahre heute noch nach Italien", erzählte der freundliche Kapitän. „Habt ihr Lust, mit mir dort den Schiefen Turm von Pisa zu besichtigen und Pizza zu essen?"

Klar hatten wir das. Gemeinsam mit Papa gingen wir in den Keller hinunter.

Es war dunkel und kühl in Pisa. Papa deutete auf das Kellerregal in der Ecke. Mama hatte es heute aufgestellt. Besser gesagt, sie hatte es versucht, denn es sah ziemlich wackelig und krumm aus.

„Das, meine sehr verehrten Passagiere", erklärte
der Kapitän, „ist der berühmte Schiefe Turm von Pisa.
Ich hoffe, dass er nicht so schnell umfällt." Wir mussten alle lachen.

Anschließend spazierten wir in die Küche und
nahmen am Esstisch Platz. „Hier befinden wir uns in
der vorzüglichsten Pizzeria Italiens", schwärmte der
Kapitän grinsend.

Mama holte eine selbstgemachte Pizza aus dem
Ofen. Sie war mit Käse, frischen Tomaten, Pilzen
und Schinken belegt und duftete köstlich. Wir schlu-
gen uns den Bauch voll, bis wir nicht mehr konnten.

Als zwei Wochen später die Schule wieder anfing,
war ich richtig traurig, dass die tollen Ferien schon
vorbei waren. „Und, wie war's in Italien?", erkun-
digte ich mich bei Franzi.

Sie wollte ja schokoladenbraun werden. Allerdings
sah sie eher tomatenrot aus, genau wie ein paar andere aus meiner Klasse.

„Na ja, ging so. Ich hab mir den Magen verdorben und die restliche Zeit war ich am Strand", antwortete Franzi. „Und wie war's zu Hause?", fragte sie mich dann.

„Zu Hause? Ich war im Dschungel und habe einen Panther und einen giftigen Flugsaurier gesehen. Dann war ich am Meer und bin gerade noch so vor Haifischen davongekommen. Ein Kapitän hat mich gerettet und ich bin mit ihm nach Pisa gefahren. Da habe ich die beste Pizza Italiens gegessen."

Franzi schaute mich mit weit aufgerissenen Augen an.

Ich lachte nur. Schließlich hatte ich die besten Ferien der Welt erlebt. Nie im Leben hätte ich sie gegen Bauchurlaub getauscht.

So ein Kinderkram!

Eine Geschichte von Annika Christof
mit Bildern von Christiane Franke

„Hey Leo, ich sitz hier mitten in der Pampa und darf einen auf Pfadfinder machen", brummt Ansgar missmutig in sein Handy. Genervt verdreht er die Augen.

Sein Freund Leo lässt es sich gerade in Spanien am Strand so richtig gut gehen. Eigentlich wollte Ansgar mit Leo und seinen Eltern zusammen in den Urlaub fahren. Aber dann hatten seine Eltern diese bescheuerte Idee mit dem Zeltlager.

Zwei Wochen lang soll er hier in der Provinz Land-
luft schnuppern und „unvergessliche Ferien" verbringen. So stand es zumindest im Katalog. Und
Mama hat sich sofort davon einwickeln lassen. Da
half auch kein Murren und Meckern. Der Urlaub am
Meer fiel dieses Jahr für ihn ins Wasser.

„Handys sind hier im Camp verboten", erklärt ein
großer Junge mit blonden Haaren und schaut kri-
tisch auf das Mobiltelefon in Ansgars Hand.

„So ein Quatsch", knurrt Ansgar wütend. Trotzdem lässt er das Handy schnell in seiner Hosen-
tasche verschwinden.

„Ich bin übrigens Niklas", stellt sich der Junge nun vor und streckt ihm seine Hand entgegen.

„Ansgar", nuschelt Ansgar kaum hörbar und mustert Niklas.

„Wir bauen schon mal die Zelte auf. Hilfst du uns?", fragt Niklas. Ansgars prüfende Blicke versucht er zu ignorieren.

„Nee, macht ihr mal lieber allein." Ansgar steckt sich die Stöpsel seines MP3-Players in die Ohren und macht es sich auf einer Bank bequem. „Ich bin doch nicht zum Arbeiten hier", grummelt er leise.

Kopfschüttelnd zieht Niklas ab und beginnt, mit zwei anderen Jungs ein großes Zelt aufzustellen. „Soll dieser komische Kauz doch vor sich hin schmollen. Auf so einen arroganten Schnösel können wir gut und gerne verzichten", murmelt Niklas und kümmert sich nicht weiter um Ansgar.

Später versammeln sich alle auf dem großen Lagerfeuerplatz vor den Zelten. Die Betreuer stellen den Kindern das Programm für die nächsten zwei Wochen vor und teilen die Zelte ein.

Gelangweilt malt Ansgar mit einem Stock Kreise in die Erde. Jetzt würde er gerade am Strand liegen und sich die Sonne auf den Pelz scheinen lassen. Aber nein, er muss hier zwischen lauter Langweilern sitzen. Was haben sich seine Eltern nur dabei gedacht, ihn hierher zu schicken?

„Ist das für dich in Ordnung, Ansgar?", wird er plötzlich aus seinen Gedanken gerissen.

Erschrocken blickt er auf.

„Du träumst wohl schon von den Abenteuern, die dich in den nächsten Tagen erwarten, was?", schmunzelt Philipp, einer der Betreuer. Dann erklärt er Ansgar, dass er sich mit Niklas und zwei anderen Jungen namens Sven und Holger das Zelt teilen wird. „Die drei kennen sich schon vom letzten Jahr. Sie helfen dir, dich hier schnell einzugewöhnen." Aufmunternd klopft er Ansgar auf die Schulter.

„Auch das noch", denkt Ansgar und brummt nur
ein leises „Schon okay" vor sich hin.

Aber auch Niklas, Sven und Holger sind alles andere als begeistert von ihrem neuen Zeltgenossen.
„Jetzt haben wir den Schnösel zwei Wochen lang
an der Backe", zischt Niklas.

So ein arroganter Typ passt hier einfach nicht her,
da sind sich die drei Freunde einig.

„Und denkt dran: Morgen um zehn treffen wir uns
zur Schnitzeljagd", ruft ihnen Philipp zu, während
sie sich auf den Weg in die Zelte machen.

„Schnitzeljagd? So ein Kinderkram!", schnaubt
Ansgar laut und schleudert seinen Rucksack bockig
in die Zeltecke.

Niklas, Sven und Holger beachten Ansgar den ganzen Abend über nicht mehr.

Am nächsten Morgen treffen sich alle zur vereinbarten Zeit. Aufgeregt quasseln die Kinder durcheinander.

„Ruhe bitte!", ruft Philipp. Er klatscht laut in die Hände, um auf sich aufmerksam zu machen. „Am besten bildet immer ein Zelt ein Team", schlägt er dann vor.

Niklas, Sven und Holger schauen sich genervt an. Den ganzen Tag mit dem Schnösel. Das kann ja heiter werden.

„Und auf die Sieger wartet eine tolle Überraschung", verkündet der Betreuer geheimnisvoll. „Also strengt euch an!"

Ein Raunen geht durch die Menge. Nur Ansgars Stimmung ist auf dem Tiefpunkt. Seit gestern hat er mit den drei anderen nur das Nötigste geredet. Eigentlich ist es ihm ja egal, dass sie ihn nicht beachten. Aber irgendwie wurmt es ihn trotzdem. Doch das würde er nie im Leben zugeben.

„Jede Gruppe bekommt einen ersten Zettel", erklärt Philipp weiter. „Folgt einfach den Hinweisen. Ihr müsst an jeder Station kleine Rätsel lösen und findet so am Ende den Schatz."

Schnell verteilt Philipp die Zettel an die Gruppen. „Wer als Erster am Ziel ist, hat gewonnen!"

Sofort stecken Niklas, Sven und Holger die Köpfe zusammen und brüten über der ersten Aufgabe. Im Nu haben sie das Rätsel gelöst und stürmen los.

Langsam trottet Ansgar hinter ihnen her. Bei einer großen Eiche neben den Zelten entdecken sie den zweiten Hinweis. „Folgt dem kleinen Pfad bis zu den beiden schwarzen Männchen", liest Niklas vor.

Verdutzt schaut er zu seinen beiden Freunden. „Kapiert ihr das?"

Nachdenklich schütteln sie die Köpfe.

„Gehen wir einfach mal los", schlägt Sven vor.

Kurze Zeit später ruft Holger laut: „Hier! Die Männchen auf dem Wanderschild sind gemeint." Aufgeregt läuft er auf ein Schild zu, das einen Park- platz für Wanderer ausweist.

„Na klar!", freut sich Niklas und findet einen wei- teren Zettel.

„Bei der nächsten Weggabelung links. Der dritte Hinweis liegt neben einem Zahn, der immer stumpf ist", steht darauf geschrieben.

Neugierig machen sie sich auf den Weg. Doch nirgends entdecken Niklas, Sven und Holger etwas, das auf das Rätsel passen könnte. Am Wegrand lassen sie sich ratlos auf den Boden plumpsen.

Ansgar beachten sie überhaupt nicht. Er hat in der ganzen Zeit kein einziges Wort gesagt und ist nur gelangweilt hinterhergeschlendert.

„Wahrscheinlich ist er sich zu gut für dieses Spiel", denkt Niklas und wirft ihm einen verächtlichen Blick zu.

Doch da täuscht sich Niklas. Auch in Ansgars Kopf rattert es. „Denen werd ich's zeigen", murmelt er leise. Er wusste sofort, was mit dem stumpfen Zahn gemeint ist. Jetzt schaut er sich suchend um. Irgendwo muss doch hier Löwenzahn stehen. Einige Meter weiter entdeckt er die Blumen schließlich. Mit klopfendem Herzen sucht er die Stelle ab … und findet einen kleinen, gefalteten Zettel.

Als die anderen drei das beobachten, kommen sie erstaunt auf ihn zu.

„Wow, da wäre ich nie draufgekommen", ruft Holger überrascht.

Auch Sven schaut Ansgar anerkennend an. Nur Niklas knurrt leise: „So schwierig war das nun auch wieder nicht."

Aber seine Freunde hören ihm gar nicht zu. Sie machen sich schon längst über das neue Rätsel her.

„Er trägt einen großen, rotweißen Hut, ist sehr giftig und nicht gut. Dort versteckt sich der nächste Hinweis", liest Holger laut vor.

Und noch bevor die anderen überlegen können, weiß Ansgar wieder die Lösung: „Ein Fliegenpilz!"

Die drei Jungs schauen ihn verblüfft an.

„Cool, du hast es ja echt drauf!", stellt Sven bewundernd fest.

Ansgar wird ein wenig rot.

„Genug gelobt", zischt Niklas genervt und drängt sie zum Weitergehen.

Bald haben die vier den Pilz auch schon gefunden. Langsam macht Ansgar die Schnitzeljagd immer mehr Spaß. Die nächsten Rätsel lösen die Jungs ohne Probleme.

Kurz vor der allerletzten Station kommen sie noch einmal ins Schwitzen. Von Weitem sehen sie ein gegnerisches Team herbeilaufen.

„Schnell!", brüllt Holger und saust los. „Bei dem kleinen Brunnen dort drüben muss es sein", keucht er atemlos.

Und tatsächlich: In dem leeren Steinbrunnen beim Zeltplatz entdecken sie eine kleine Kiste. Triumphierend hält Niklas sie in die Luft.

„Nun mach schon auf", drängelt Sven ungeduldig.

Als Niklas sie öffnet, kommen vier kleine Entdeckersets mit Kompass, einer Taschenlampe, einer

Lupe und vielen anderen nützlichen Gegenständen zum Vorschein.

„Megacool!", ruft Holger. Auch die anderen reißen ihren Preis begeistert an sich.

„Hier für dich. Ich hoffe, du kannst mit dem Kinderkram was anfangen", sagt Niklas und drückt Ansgar seinen Anteil in die Hand.

Verärgert funkelt Ansgar ihn an.

Da beginnt Niklas zu grinsen und klopft ihm auf die Schulter. „War nur ein Witz", lacht er. „Eigentlich sind wir doch ein super Team!"

„Ein super Team?", fragt Holger gespielt empört. Er verbessert seinen Freund mit einem Augenzwinkern: „Wir sind das beste Entdeckerteam der Welt!"

Randale auf Malle

Eine Geschichte von Christiane Neumann
mit Bildern von Marc Robitzky

„Endlich Urlaub!", seufzte Papa. Er blickte hinunter auf die Wellen des Mittelmeers. „Die Aussicht vom Balkon ist wirklich klasse, Pia", rief er mir zu. „Das müsst ihr euch unbedingt ansehen."

„Euch", damit waren Mama, mein kleiner Bruder Paule und ich gemeint. Nach zwei Stunden Flug waren wir endlich auf Mallorca angekommen.

Schwungvoll warf ich meinen Koffer aufs Bett und lächelte. Vor uns lagen zwei Wochen Sonne, Strand und Meer – das würden bestimmt richtig tolle Ferien werden.

„Was wollen wir zuerst besichtigen?", unterbrach Mama meine Gedanken. „Wir könnten zur Kathedrale fahren. Danach schauen wir zum Schloss hoch. Und dann habe ich noch ein sehenswertes Kloster im Reiseführer entdeckt. Was meint ihr?"

Ein genervtes Stöhnen vom Balkon war die Antwort. „Brigitte, wir werden unseren Urlaub bestimmt nicht in irgendwelchen staubigen Gemäuern verbringen. Ich möchte einfach nur am Strand liegen, ein kühles Bier trinken und ab und zu ins Meer hüpfen", meinte Papa.

Oje, das fing ja gut an! Paule und ich ahnten bereits, was gleich kommen würde. Drei, zwei, eins …

„Das ist wieder typisch für dich, Bernhard!", schimpfte Mama los. „Wir fliegen rund 1.300 Kilometer hierher nach Mallorca und das Einzige, was du im Kopf hast, ist Faulenzen. Da hätten wir auch gleich zu Hause bleiben können. Das wäre nicht so teuer gewesen."

Papa setzte gerade zu einer bissigen Antwort an, als sein Blick auf mich und Paule fiel.

„Na gut", brummte er. „Dann mach du doch deinen Ausflug. Ich werde es mir in einem Liegestuhl gemütlich machen. Pia und Paule, ihr könnt im Kinderclub vorbeischauen. Das wird bestimmt lustig."

Was? Da hatten wir doch sicher auch noch ein Wörtchen mitzureden, glaubte ich.

„Das ist eine prima Idee, Bernhard", fiel mir Mama in den Rücken. „So bekommt jeder, was er möchte. Los, ihr beiden. Ich melde euch gleich an."

Zwanzig Minuten später saßen Paule und ich am Hotelpool zwischen sechs anderen Kindern.

„Hola, willkommen im Kinderclub!", begrüßte uns ein schlaksiger Animateur mit piepsiger Stimme, der sich uns als Gonzales vorstellte. Er war braungebrannt und hatte ein strahlendes Dauerlächeln aufgesetzt.

„So, meine Kleinen", begann er und machte sich damit gleich unbeliebt. „Was haltet ihr von einem Sandburgenwettbewerb? Wollen wir doch mal sehen, wer die schönste Burg baut." Erwartungsvoll blickte er in die Runde. Die Freude unserer Gruppe hielt sich jedoch in Grenzen.

„Na super!", dachte ich missmutig. „Wie alt sind wir denn? Drei?"

Am Strand angekommen, bekamen alle Schaufel und Eimer in die Hand gedrückt. Gonzales gab das Startkommando und machte es sich anschließend auf einem Handtuch in der Sonne bequem. Kurz darauf hörte ich ein leises Schnarchen.

„Echt klasse! Wir sollen hier buddeln und du entspannst dich in der Sonne", murmelte ich vor mich hin. „Das kannst du voll vergessen!"

Schnell winkten Paule und ich die anderen heran. Als ich ihnen meinen Plan zuflüsterte, waren alle sofort begeistert.

Gemeinsam bauten wir eine riesige Sandburg mit
mehreren Türmen, Zinnen und einem Burggraben
drum herum, die auf Mallorca bestimmt total einzig-
artig war. Denn wir errichteten sie genau auf Gonzales' Bauch. Und er wachte nicht mal auf. Voller Stolz
betrachteten wir unser Meisterwerk.

Von unserem Gekicher wurde Gonzales schließlich wach. Erschrocken öffnete er die Augen und
blickte uns an. „Wie? Was?", stammelte er verwirrt.
„Seid ihr etwa schon fertig?"

Wir mussten alle furchtbar lachen. Es dauerte eine
Weile, bis sich unser Animateur aus dem ganzen
Sand befreit hatte. Aber dann ging es gleich munter
weiter …

Als Nächstes stand Wasserball auf dem Programm. Zu meinem Unglück landete ich auch noch

mit Gonzales in einem Team. Nach jedem Treffer bestand er darauf, dass wir uns abklatschten.

„Gleich wirst du dein blaues Wunder erleben", dachte ich, als Gonzales mir zum zehnten Mal seine Hand entgegenstreckte. Suchend schaute ich mich nach Paule um. Er musste jeden Moment kommen. Und da sah ich ihn auch schon!

Gonzales folgte meinem Blick und entdeckte eine kleine, graue Haifischflosse, die auf ihn zuglitt. Panisch riss er die Arme in die Höhe und kreischte: „Ein Hai!" Und – wutsch – war er raus aus dem Wasser. Du meine Güte, konnte der schnell rennen.

Nun gab es kein Halten mehr: Ich prustete los und lachte, bis mir der Bauch wehtat. Die anderen Kinder stimmten lauthals mit ein.

Dann stapfte ich auf den Hai zu und zog schmunzelnd Paule aus dem Wasser.

Die Plastik-Haifischflosse war ein Geschenk von unserer Oma Hilde, die für ihre Scherze bekannt ist. Gut, dass Paule an sie gedacht hatte. Und im Schnorcheln war mein kleiner Bruder ein absoluter Weltmeister.

Ich sah rüber zum Strand. Als ich Gonzales entdeckte, blieb mir vor Staunen der Mund offen stehen: Er grinste!

„Na, wie war ich?", rief er lachend zu uns rüber. „Ich hab früher als Schauspieler gejobbt. Als hilfloses Opfer bin ich ziemlich gut, was?"

Gonzales hatte also nur so getan, als würde er sich vor der Haiflosse erschrecken.

Nun lächelte ich ebenfalls. Vielleicht war er doch ganz witzig … Jedenfalls verstand er Spaß.

Unser Animateur meinte, wir hätten nun genug Sport gehabt. Mit einem verschwörerischen Blick teilte er uns seinen neuesten Plan mit: „Am Ende des Strandes gibt es eine Felshöhle. Dort können wir kleine Meeresbewohner beobachten. Habt ihr Lust, sie zu erkunden?"

Ich musste zugeben, dass sich das wirklich span-
nend anhörte. Auch Paule nickte eifrig.

In der Höhle war es herrlich kühl. Kleine Wellen
umspülten den felsigen Boden und hinterließen eine
Salzkruste darauf.

„Es ist richtig toll hier", stellte ich begeistert fest. Freudestrahlend nickte mir Gonzales zu.

Aus den Augenwinkeln sah ich, wie sich Paule über eine tiefe Pfütze beugte, in der etwas Lilafarbenes schwamm.

Auf einmal hörte ich ihn aufschreien. Ich bekam einen riesigen Schreck.

„Pia, mein Schuh!", rief er laut und zeigte auf die Pfütze. „Er ist da reingerutscht", erklärte mir Paule aufgeregt.

Ich seufzte und machte einen Schritt auf ihn zu.

Doch Gonzales hielt mich zurück. „Ich mach das schon", meinte er. Während er mich angrinste, griff er ins Wasser.

Einen kurzen Moment später verzog er vor Schmerzen sein Gesicht. „Au! Mich hat was gestochen", jammerte er und hielt sich seine nasse Hand.

Erschrocken fuhr ich zusammen und starrte in die Pfütze. Jetzt erkannte ich das Lilafarbene: ein Seeigel. In Gonzales' Hand steckten mehrere Stacheln.

Zusammen mit den anderen Kindern brachten wir den wimmernden Animateur zur Krankenstation am Strand. Danach warteten wir ungeduldig auf ihn.

Plötzlich hatte ich ein richtig schlechtes Gewissen wegen unserer Streiche.
Schließlich konnte er ja nichts für unsere streitenden Eltern und meine schlechte Laune. Ich musste mich auf jeden Fall bei ihm entschuldigen.

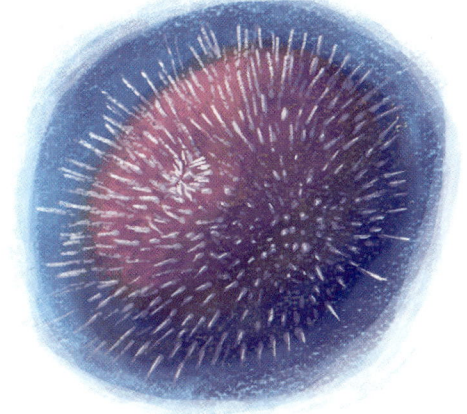

Nach einer Weile tauchte Gonzales wieder auf. Seine Hand steckte in einem dicken Verband. „Na, ihr Racker", meinte er. „Keine Sorge, die Stacheln wurden alle entfernt. In ein paar Tagen ist die Hand wieder so gut wie neu."

Betreten schaute ich zu Boden. Gonzales tat mir furchtbar leid. Reumütig murmelte ich: „Entschuldi-

ge bitte, Gonzales. Ich meine, dass wir dich so ge-
ärgert haben …"

Er lachte aber nur. „Das nennst du ärgern? Glaub
mir, meine Kleine, gegen manch' andere Kinder
seid ihr richtige Engel", sagte Gonzales und fügte
schmunzelnd hinzu: „Und ganz ehrlich: So einen
aufregenden Tag hatte ich schon lange nicht mehr."

Da fiel mir aber ein Stein vom Herzen!

Am späten Nachmittag aßen wir alle zusammen zum Abschluss am Hotelpool ein Eis. Kurz darauf kamen auch Mama und Papa, um Paule und mich abzuholen.

„Hallo ihr beiden. Ich hoffe, ihr seid uns wegen unseres Streits nicht böse", entschuldigte sich Mama und drückte uns einen Kuss auf die Wange. „Ohne euch hat mein Ausflug überhaupt keinen Spaß gemacht."

„Und ich habe mir einen Sonnenbrand geholt", brummte Papa etwas verlegen. Dann schlug er vor: „Morgen unternehmen wir gemeinsam etwas. Wahrscheinlich habt ihr euch im Kinderclub heute ganz schön gelangweilt."

Bevor ich antwortete, drehte ich mich noch einmal zu Gonzales und den anderen um und winkte. „Eigentlich war's richtig super. Stimmt's, Paule?", grinste ich.

„Stimmt", bestätigte mein kleiner Bruder. „Da will ich übermorgen unbedingt wieder hin!"

Bücherbande

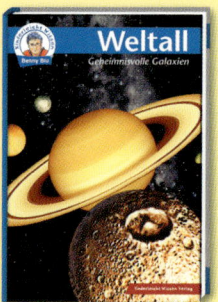